Ejercicios de
Ortografía

2 PRIMARIA

Complementos escolares

LAROUSSE

Dirección editorial
Tomás García Cerezo

Editor responsable
Sergio Ávila Figueroa

Redacción
Lisbeth Cantarell Zaldívar y Martha Patricia Ramírez Mercado

Ilustraciones
Laura Beatriz Rodríguez López

Formación
Alejandra Basurto Cadena y Estudio Creativos

Portada
Ediciones Larousse, S.A. de C.V., con la colaboración de Estudio Creativos

Edición técnica y preprensa
Javier Cadena Contreras

D.R. © MMXIX Ediciones Larousse, S.A. de C.V. Renacimiento 180,
Col. San Juan Tlihuaca, Azcapotzalco,
Ciudad de México, C.P. 02400.

ISBN: 978-607-21-2114-0

ISBN de colección: 978-607-21-1463-0

Primera edición, febrero de 2019

Presentación

Este libro está organizado para ayudarte a mejorar aspectos importantes y básicos de la escritura: conocer y utilizar las normas para el uso correcto de las letras (grafías), emplear con propiedad los signos de puntuación y, finalmente, ampliar el vocabulario para evitar el problema de no saber cómo decir lo que necesitas expresar.

La ortografía se aprende mejor si tiene una finalidad; esto es, si se usa y se analiza en diversos textos. Por eso, en este libro las normas para el uso de grafías y signos de puntuación se presentan en ejemplos de estudio breves y fáciles de comprender. Además, para apoyar y consolidar tus aprendizajes, encontrarás esas reglas enunciadas de una manera sencilla, en recuadros colocados al centro de las páginas de tu libro.

De igual manera, encontrarás datos curiosos o que amplían tus aprendizajes en recuadros a la derecha de las actividades.

Este libro está organizado para que puedas estudiarlo y resolverlo durante el año escolar. A lo largo del mismo encontrarás las siguientes secciones:

Observa

Esta sección sólo pide de ti una cosa: que te diviertas con juegos que desarrollarán tu habilidad para observar.

Si miras con cuidado, descubrirás si una palabra se escribe con z, con s o con c, o si en una oración se colocó una coma o un punto. Esta habilidad te servirá para revisar y corregir tus escritos.

El mundo de las letras

La sección inicia con una lectura en la que se presenta la dificultad ortográfica que vas a estudiar. En lugar de que aprendas primero una regla, se te muestra cómo se emplean las grafías, las mayúsculas o los acentos para que después realices actividades que te ayudarán a descubrir esa norma.

Los signos de puntuación

La lengua escrita no cuenta con todos los recursos de la lengua hablada, como el tono, el volumen o el énfasis. Este problema se soluciona con el uso correcto de los signos de puntuación.

A partir del análisis de su uso, estarás en condiciones de emplearlo en tus escritos para darles la intención que deseas y para que todos puedan comprender tu mensaje.

Índice

● Para bailar la Bamba.   6

● Domingo con la abuela   14

● Lagartos terribles   22

● Abre tus alas   30

● Visitemos la granja   38

● Me gustan las mascotas.   46

● Un mar de palabras.   54

● Un reino lejano.   62

● Come dos frutas y dos verduras   70

● La octava   78

Reglas ortográficas   86

Para bailar la Bamba

Observa

1 Mira con atención siguientes imágenes.

2 Encuentra las cinco diferencias que hay entre los dibujos y escríbelas sobre las líneas.

1. _____

2. _____

3. _____

4. _____

5. _____

▶El mundo de las letras:
Mayúsculas y minúsculas

1 Lee el siguiente texto.

Las clases habían terminado. Pedro y Rosa habían estudiado mucho y sacaron muy buenas calificaciones, por lo que sus papás decidieron premiarlos con unas vacaciones en Veracruz.

A finales de julio los niños y su familia salieron con rumbo al puerto, dispuestos a divertirse en el campamento organizado por una agencia de viajes.

Visitaron varios lugares históricos, como la Casa de Faros, una torre alta con una luz arriba que sirve como señal y aviso a los navegantes de que han llegado al muelle veracruzano. También fueron al Museo de Antropología de Xalapa, donde vieron con admiración unas cabezas gigantes talladas en piedra, símbolo de la cultura olmeca y, además, dieron un paseo en lancha por el río Pánuco.

Pero lo que más disfrutaron fue haber conocido a la señora María y a su hija Graciela, dos mujeres muy amables y simpáticas que hablaban náhuatl, una de las lenguas indígenas que, por fortuna, todavía existen en el país.

2 Responde las preguntas con letra cursiva.

¿Te gustaría viajar a otros lugares? ¿Por qué?

_____

_____

¿Qué lugares te gustaría visitar?

_____

3 Encuentra y encierra en círculos los puntos que aparecen en el texto anterior.

4 Dentro de ese texto, subraya la palabra con la que inicia la lectura y las que están después de los puntos. Escríbelas sobre las líneas.

_____ _____ _____

_____ _____ _____

> Se escribe con letra inicial **mayúscula** la primera palabra de todo escrito y la que va después de punto y seguido y de punto y aparte.

5 Escribe sobre las dos pirámides otras palabras con mayúscula que encuentres en la lectura. Clasifícalas como se indica.

Nombres de personas   **Nombres de lugares**

¿Qué tienen en común las palabras que escribiste?

_____

_____

> Los nombres de personas y de lugares se escriben con letra inicial **mayúscula**.

▶El mundo de las letras:
Presente del verbo *ir*

1 Observa y relaciona con líneas cada imagen con la oración que le corresponde.

Voy de viaje con mi mamá.

Pedro va por la pelota.

Angélica y su hermano van de campamento.

Tú vas a comprar los boletos.

Todos vamos a la Casa de Faros.

2 En las oraciones anteriores, localiza las palabras que tengan la letra *v* y escríbelas sobre las líneas.

_____ _____ _____

_____ _____ _____

> El tiempo presente del verbo *ir* se escribe con *v*.
> Por ejemplo: *voy, va, van, vas, vamos.*

Los verbos son palabras que expresan una acción, en diferentes tiempos. Por ejemplo: *voy* está en presente, *fui* está en pasado e *iré* está en futuro.

3 Escribe una oración con cada una de las formas del verbo *ir*.

voy _____

vas _____

va _____

vamos _____

van _____

▶Los signos de puntuación:
El punto y sus diferentes usos

1 Lee con atención el siguiente cuento.

Un pastel diferente

Hubo una vez un hombre al que todos conocían como don Paco. Vivía en Minatitlán, en el estado de Veracruz, y era el señor más tacaño del mundo.

Un día su vecina, una mujer muy pobre y de edad avanzada, le pidió por favor que le prestara un poco de harina y otro tanto de azúcar.

Como don Paco le había encargado su casa varias veces no se pudo negar y le dio lo que pedía. Sin embargo, en lugar de azúcar le dio sal, para que no volviera a molestarlo.

Al día siguiente la mujer llamó a la puerta de don Paco.

—Como hoy es su cumpleaños —le dijo—, vengo a traerle este pastel que hice con la harina y el azúcar que me prestó.

—¡No, no! —exclamó don Paco, sabiendo que el pastel estaba hecho con sal—. Mejor cómetelo tú.

La mujer insistió, y como en ese momento había ya otros vecinos que también fueron a felicitarlo, no tuvo más remedio que comerse el pastel enterito. ¡Con lo mal que sabía!

Y así fue como don Paco pagó por su tacañería.

2 Responde las preguntas.

¿Crees que don Paco actuó bien con su vecina?

_____

_____

3 Responde las preguntas.

¿Cuántos puntos y seguido hay en la lectura "Un pastel diferente"? _____

¿Cuántos puntos y aparte hay? _____

¿Cuántos puntos finales hay? _____

> El **punto** es un signo que marca una pausa larga en la lectura. Existen tres tipos de puntos:
> - *Punto y seguido:* se utiliza cuando las oraciones hablan sobre la misma idea.
> - *Punto y aparte:* indica que termina un párrafo y que el siguiente tendrá una idea distinta.
> - *Punto final:* marca el final del texto.

4 Coloca en el siguiente texto los puntos que hacen falta.

Virginia y Vanesa van de visita al Acuario de Veracruz Primero entraron a la sala de los Tuxtlas, donde aprendieron mucho sobre el bosque tropical y las especies que viven ahí Luego vieron la gran pecera oceánica Les gustó mucho porque había muchos peces

Virginia quería ver a los tiburones, pero a Vanesa le daban mucho miedo, así que fueron juntas a la sala de las medusas

5 Observa las imágenes con mucha atención. Imagina
una historia con ellas y escríbela en tu cuaderno.

Observa

1 Forma cada una de las siguientes letras uniendo con
líneas sus mitades.

▶El mundo de las letras:
División silábica y sílaba tónica

1 Lee con atención la siguiente historia.

Un día Franz fue a visitar a su abuelita, que vive en un hogar de ancianos. Franz la visita todos los <u>domingos</u>. Ese día hacía buen tiempo y la abuela le dijo a Franz:

—Vamos al <u>parque</u>. Ahí hay una cafetería y podemos beber algo. Me imagino que tienes sed y un poquitín de hambre.

La cafetería está en medio del parque del hogar de ancianos. Cuando hace <u>buen</u> tiempo sacan tres <u>mesas</u> al aire libre. <u>Alrededor</u> de cada mesa colocan cuatro sillas. Franz y su <u>abuelita</u> ocuparon una de las mesas. La abuela pidió un jugo de <u>frambuesa</u> para Franz y una taza de café para ella. (En realidad, la abuela no debe beber café pues tiene la presión muy alta.) La abuela también pidió dos <u>pedazos</u> grandes de pastel de chocolate. (En realidad, la abuela no debe comer pastel de <u>chocolate</u>, pues tiene <u>demasiada</u> azúcar en la sangre.)

Christine Nöstlinger, *De por qué a Franz le dolió el estómago,*
Bogotá, Norma, 1990, pp. 17-20

Christine Nöstlinger nació en Austria en 1936 y es una importante escritora de literatura infantil.

2 Responde las siguientes preguntas.

¿Cada cuándo visitas a tus abuelitos?

_____

_____

¿De qué platicas con ellos?

_____

_____

_____

3 Acomoda las palabras subrayadas en la lectura junto al número que indique cuántas sílabas tiene.

1 sílaba: _____

2 sílabas: _____ _____

3 sílabas: _____ _____ _____

4 sílabas: _____ _____ _____ _____

4 Separa en sílabas las siguientes palabras. Usa guiones.

madera _____   México _____

jaula _____   abuelo _____

cuello _____   convencer _____

princesa _____   historias _____

vida _____   interior _____

visita _____   estómago _____

5 Utiliza las sílabas del recuadro para crear nuevas palabras. Compara tu lista con la de un compañero o compañera.

se	ño	ni	pa	no	to	ri
ra	da	na	ma	sa	po	

_____ _____ _____ _____

_____ _____ _____ _____

_____ _____ _____ _____

_____ _____ _____ _____

_____ _____ _____ _____

_____ _____ _____ _____

_____ _____ _____ _____

6 Colorea los pasteles que tienen las palabras separadas en sílabas de forma correcta.

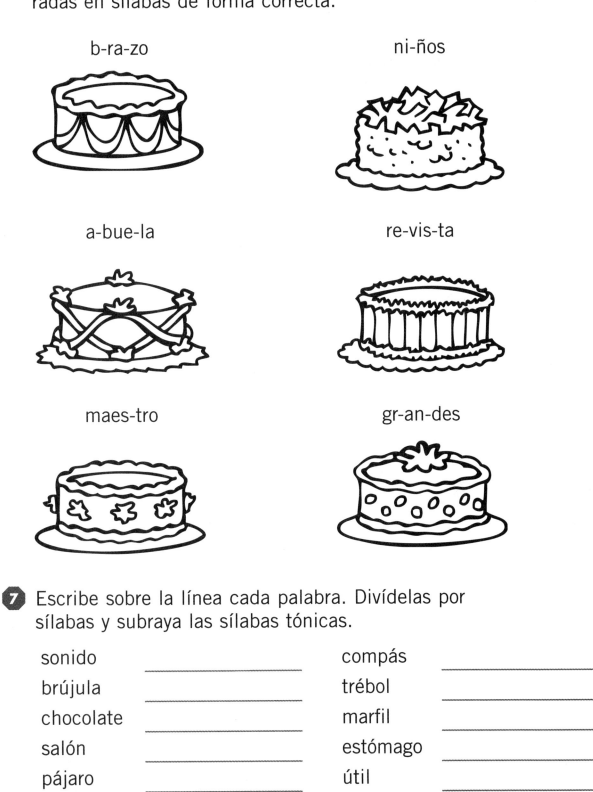

b-ra-zo

ni-ños

a-bue-la

re-vis-ta

maes-tro

gr-an-des

7 Escribe sobre la línea cada palabra. Divídelas por sílabas y subraya las sílabas tónicas.

sonido	_____	compás	_____
brújula	_____	trébol	_____
chocolate	_____	marfil	_____
salón	_____	estómago	_____
pájaro	_____	útil	_____

Se llama **sílaba tónica** a la que se pronuncia con más fuerza en una palabra.

▶El mundo de las letras:
Uso de *s*, *c* y *z*

1 Dibuja lo que se te pide en cada recuadro.

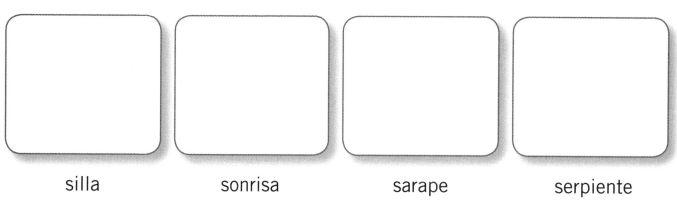

| silla | sonrisa | sarape | serpiente |

2 Subraya la primera sílaba de cada una de las palabras anteriores y escribe sobre las líneas otras que empiecen con esas sílabas.

_____ _____ _____ _____

3 Subraya las sílabas que tengan *ce* y *ci* en las siguientes palabras.

cien-tí-fi-co   ce-ni-za   do-ce-na

pa-la-cio   al-ma-cén   fá-cil

cen-tro   co-ci-na   a-be-ce-da-rio

ve-lo-ci-dad   cer-do   ne-go-cio

4 Ordena las palabras anteriores en la columna que corresponda.

ce	ci

►El mundo de las letras:
Clasificación respecto a la sílaba tónica

1 Lee con atención el siguiente texto informativo.

La vida se inició en el mar. Los primeros seres con vida eran muy, muy pequeños. Algunos crecieron hasta parecer gusanos y se fueron haciendo cada vez más grandes.

Con el paso del tiempo empezaron a aparecer seres muy similares a los peces de hoy; algunos seguían siendo diminutos, pero otros eran muy largos.

Algunos peces comenzaron a usar sus fuertes aletas para arrastrarse en la tierra y, con el paso de los siglos, se acostumbraron a vivir tanto en el agua como fuera de ella. Desarrollaron patas para avanzar mejor y tuvieron pulmones para respirar aire. Se convirtieron en anfibios, es decir, animales que pueden vivir en la tierra y en el agua, como las ranas.

Mientras tanto, en la tierra comenzaron a crecer plantas. Algunas eran como helechos y cubrían una gran extensión de tierra. Pasaron muchos años más antes de que hubiera árboles y plantas con flores.

Rosa Luisa Guerra

2 Reúnete en equipo y responde las siguientes preguntas.

¿Por qué dice la lectura que la vida empezó en el mar? _____

_____

Según la lectura, ¿qué fue primero: los peces o las plantas terrestres? _____

3 Escoge seis palabras de la lectura anterior y escríbelas divididas en sílabas.

1. _____   4. _____

2. _____   5. _____

3. _____   6. _____

4 Divide en sílabas las siguientes palabras. Escribe una sílaba en cada rana.

m á r m o l

m a m á

c i n t u r ó n

t e l é f o n o

l u g a r

p r ó x i m o

m a n z a n a

a u t o m ó v i l

m á q u i n a

5 Lee en voz alta las palabras del ejercicio anterior y colorea las ranas que tienen las sílabas tónicas.

24

6 Escribe las palabras de la página anterior según el lugar que ocupa su sílaba tónica.

Antepenúltima

_____
_____
_____

Penúltima

_____
_____
_____

Última

_____
_____
_____

7 Completa las siguientes oraciones escribiendo las palabras faltantes. Sólo escribe de atrás hacia delante las palabras que están debajo de cada línea.

Las palabras cuya sílaba tónica es la última se llaman _____
saduga

Las palabras cuya sílaba tónica es la penúltima se llaman _____
sevarg

Las palabras cuya sílaba tónica es la antepenúltima se llaman _____
salujúrdse

• En las **palabras agudas** la sílaba tónica es la última.
• En las **palabras graves** la sílaba tónica es la penúltima.
• En las **palabras esdrújulas** la sílaba tónica es la antepenúltima.

▶El mundo de las letras:
Uso de *mp*, *mb* y *nv*

1 Usa las claves que se indican a continuación para descifrar las palabras de abajo. Escríbelas correctamente sobre las líneas.

$\mu\pi$ = mp $\beta\pi$ = mb $\nu\omega$ = nv

ca$\mu\pi$o _____   ha$\beta\pi$re _____

i$\nu\omega$entar _____   co$\mu\pi$robar _____

a$\mu\pi$lio _____   i$\nu\omega$alidez _____

so$\beta\pi$rero _____   e$\nu\omega$olver _____

i$\nu\omega$asión _____   e$\nu\omega$ase _____

ho$\beta\pi$re _____   lu$\beta\pi$re _____

2 Subraya con rojo las letras que están antes de *b* y *p*, y con azul las que están antes de *v* en las siguientes palabras.

envidia   asombro
rumbo   sombrilla
investigación   embutido
tiempo   importante
envoltorio   rampa
cambio   investigación
nombre   siempre

3 Responde las siguientes preguntas.

¿Qué letra está antes de *b* y *p*? _____
¿Qué letra está antes de *v*? _____

Antes de *b* y *p* se escribe *m* y antes de *v* se escribe *n*.

4 Selecciona una de las ilustraciones e inventa con ella una historia. No olvides ponerle un título atractivo.

_____

_____

_____

_____

_____

_____

_____

_____

_____

_____

_____

5 Subraya todas las palabras con *mp*, *mb* y *nv* que utilizaste y asegúrate de haberlas escrito correctamente.

►Los signos de puntuación:
Uso de negritas y *cursivas*

1 Lee con atención el siguiente texto.

Poco a poco los **anfibios** fueron cada vez más grandes. Había uno llamado *eriops* que medía metro y medio de largo, y otro llamado *eogirrinus* que medía ¡cuatro metros y medio! También había algunos muy pequeños que apenas llegaban a cinco centímetros. Pero a todos les gustaba vivir en los tibios **pantanos**, donde ponían sus huevos para que sus crías primero se desarrollaran en el agua, antes de vivir en la superficie.

El planeta fue cambiando. Hubo pantanos que se secaron y la tierra se hizo más calurosa, por eso algunos anfibios pronto **evolucionaron** a reptiles. Los reptiles ponen sus huevos en la tierra y ya nunca viven bajo el agua. A los reptiles de esa época los llamamos dinosaurios.

Los primeros dinosaurios eran **herbívoros**, pero con el tiempo algunos comenzaron a comerse a otros animales, tal vez a los anfibios.

Hubo reptiles que llegaron a volar, como el *pterodáctilo* o el *dimorfodonte*. Por lo que sabemos, no tenían plumas ni podían mover sus alas como las aves, sino que **planeaban** en el aire.

Rosa Luisa Guerra

2 Responde estas preguntas usando letra cursiva.

¿Eran iguales todos los dinosaurios?

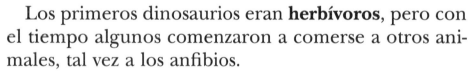

_____

_____

Vocabulario

anfibios: animales que nacen bajo el agua, viven ahí algún tiempo y luego pueden vivir en la tierra.

evolucionar: cambiar para adaptarse a nuevas condiciones.

herbívoros: animales que se alimentan únicamente de hierbas y plantas.

pantano: lugar donde se acumula lodo y agua.

planear: aprovechar las corrientes de aire para volar.

3 Elige la respuesta correcta y ponle una ✓.

¿Qué indican las palabras en **negritas**, es decir, en letras más gruesas?
☐ Son palabras raras.
☐ Son palabras importantes o que necesitan otra explicación.
☐ Son palabras que empiezan con consonantes.

¿Qué tienen en común las palabras que están en *cursiva*, es decir, en letras inclinadas?
☐ Son nombres.
☐ Empiezan con mayúscula.
☐ Son palabras que provienen de otro idioma.

- Las letras **negritas** se utilizan para destacar palabras o frases importantes. A veces estas palabras indican que se debe consultar un glosario o un vocabulario.
- Las letras *cursivas* se utilizan para destacar palabras que no están en español porque no se pueden traducir a nuestro idioma.

4 En el siguiente texto hay algunas palabras en recuadros. Colorea con rojo las que deban ir en *cursivas* o con azul si deben ir en **negritas**.

Cuando se encontraron los primeros restos de los enormes reptiles que poblaban la tierra, los científicos los llamaron dinosaurios, que quiere decir lagartos terribles.

Con las siguientes investigaciones se descubrió que había muchas clases de dinosaurios. Algunos eran pequeños y se movían rápidamente: son los antecesores de las lagartijas.

Había otros grandes y pesados como el brontosaurius o el diplodocus, que eran lentos y no les gustaba pelear.

Abre tus alas

Observa

1 Une con líneas a cada cigüeña con su sombra.

►El mundo de las letras:
Uso de *gue*, *gui*, *güe*, *güi*

1 Lee con atención la siguiente historia.

Sobre el tejado de la casa más apartada de la aldea había un nido de cigüeña. Posada ahí estaba la madre con sus cuatro polluelos, que asomaban las cabezas. El padre permanecía a poca distancia, erguido, tieso y vigilante.

Abajo, en la calle, jugaba un grupo de niños. Al notar la presencia de las cigüeñas, el más atrevido empezó a cantar:

Cigüeña, cigüeña, vuélvete a tu tierra
más allá del valle y de la alta sierra.

—¿Nos harán daño? —preguntaban angustiados los polluelos.

—No se preocupen, muy pronto les enseñaré a volar —explicó la madre.

—Ay, los niños vuelven a cantar —dijo una pequeña cigüeña. Los niños entonaban de nuevo la canción.

—Basta de miedo —señaló la madre—. Cuando concluya el otoño tienen que saber volar para irnos a Egipto, donde están las pirámides, y entonces nos hartaremos de comer ranas.

Hans Christian Andersen, *Las cigüeñas* (adaptación).

2 Responde usando letra cursiva.

¿De qué ave se habla en la lectura?

_____

¿Qué signo especial utilizaste para escribir el nombre del ave?

_____

3 Encuentra en la sopa de letras cinco palabras y escríbelas junto a su ilustración. (Pista: todas comparten algo con cigüeña.)

C	E	O	S	O	E	M	G	E
R	R	G	U	U	G	A	U	S
E	O	Ü	I	N	U	P	E	O
O	S	I	D	G	T	I	A	S
V	E	R	G	Ü	E	N	Z	A
A	P	O	O	E	Y	G	U	G
B	I	L	I	N	G	Ü	E	E
O	E	U	V	T	A	I	N	R
Z	D	R	O	O	D	N	E	O
I	R	O	Z	A	M	O	Z	A

4 Forma el diminutivo de cada una de las siguientes palabras.

paraguas   _____

lengua   _____

agua   _____

yegua   _____

Hay palabras en las que es necesario pronunciar la letra *u* cuando va después de *g*. En esos casos la *u* debe llevar **diéresis** (¨).

32

5 Ordena las sílabas para formar palabras. Escríbelas sobre las líneas.

rre-gue-ro   _____

gue-te-ju   _____

gui-jón-a   _____

ta-rra-gui   _____

ño-gui   _____

gue-ra-man   _____

la-á-gui   _____

nal-da-guir   _____

mi-hor-gue-ro   _____

ra-hi-gue   _____

ller-mo-Gui   _____

al-gue-ber   _____

6 Clasifica las palabras anteriores en la columna que corresponda.

Palabras con *gue*	Palabras con *gui*
_____	_____
_____	_____
_____	_____
_____	_____
_____	_____
_____	_____

7 Escribe dos palabras con *gue* y dos con *gui*.

_____ gue _____

_____ gui _____

33

▶El mundo de las letras:
Uso de *y* al final de una palabra

① Encierra en círculos rojos las palabras que están en singular.

bambúes   yates

      rey   rosales

rumores   carey

      mamey   ley

camarones   llaves

      relojes   maguey

buey   sartenes

② Copia en la primera columna las palabras que encerraste en el ejercicio anterior y forma sus plurales en la segunda columna.

Singular	Plural

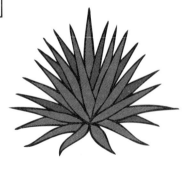

Las palabras que terminan en *y* forman su plural agregando *-es*.

▶Los signos de puntuación:
Signos de interrogación

1 Lee en voz alta el siguiente fragmento de un poema.

¿Cuándo aceptarás, yegua,
el rigor de la rienda?
¿Cuándo, pájaro pinto,
a picotazo limpio
romperás **tiranías**
de jaulas y ligas,
que te hacen imposibles,
los vuelos más **insignes**
y el árbol más oculto
para el amor más puro?

"El silbo de la ligadura", *Miguel Hernández para niño*s,
Madrid, Ediciones de la Torre, 1997, pp. 47-48

2 Relaciona con líneas las dos columnas.

A la yegua la detiene

las raíces

A la cometa la detiene

la jaula

> **Vocabulario**
>
> **insigne:** célebre, famoso.
>
> **tiranía:** dominar a otra persona por la fuerza o el miedo.

Al árbol lo detienen

el hilo

Al pájaro lo detiene

la rienda

3 Reúnete con un compañero o compañera y comenten el poema. Subrayen las respuestas correctas.

El poema trata de:
la libertad
la naturaleza
los sueños

¿Qué tipo de oraciones hay más en el poema?
Negativas
Interrogativas
Afirmativas
Admirativas

¿Con qué comienzan y terminan las oraciones interrogativas?
Con signos de interrogación
Con puntos
Con signos de admiración
Con mayúsculas

4 Completa las siguientes oraciones con los signos que faltan.

___Cuál es mi juguete favorito___

___Cuántos libros hemos leído juntos___

___Quién es el más alto de tu familia___

___Dónde guardas tus zapatos___

___Eres feliz___

5 Inventa tres preguntas que le harías a tu vecino o vecina. No olvides utilizar signos de interrogación.

1. _____

2. _____

3. _____

6 Ahora hazle esas preguntas a tu vecino o vecina y escribe sus respuestas.

1. _____

2. _____

3. _____

7 Responde las siguientes preguntas sobre tu experiencia.

¿Te costó trabajo hacer la entrevista?

_____

¿Usaste sólo las preguntas que habías escrito?

_____

8 Ordena con números (del 1 al 4) los pasos para realizar una entrevista.

(   )

(   )

(   )

(   )

La **entrevista** consiste en planear una serie de preguntas para conocer más sobre un tema o una persona y queda mejor cuando investigas previamente.

Visitemos la granja

Observa

1 Encuentra el cuadro que falta.

¿Cuál es el cuadro faltante?

_____

_____

►El mundo de las letras:
Palabras que empiezan con *bi-* y *bis-*

1 Lee con atención la siguiente historia.

Bárbara visita a su bisabuela durante el bimestre de vacaciones. Su bisabuela vive con su hijo Beto en una granja muy bonita. A Bárbara le encanta ese lugar, pues puede hacer cosas que en su casa no hace, como pasear en bicicleta. En esos días se aleja por los caminos sin preocuparse por la tarea de su escuela bilingüe, ni por llevar el bicolor para escribir con rojo las mayúsculas y los puntos.

Otras veces sale a caminar para observar los pájaros y otros animales del bosque y utiliza los binoculares que usaba su bisabuelo.

Los sábados, su tío Beto la lleva a pescar en su lancha bimotor que es muy rápida y a su paso deja una enorme estela de espuma.

Sin embargo, lo que más disfruta Bárbara es platicar con la bisabuela, sobre todo cuando ella afirma que sólo tiene 20 años. Bárbara le dice que eso no es posible y entonces la dulce señora le responde:

—Mi querida bisnieta, yo nací en un año bisiesto, justo el 29 de febrero, y mi cumpleaños es cada cuatro años. Entonces no tengo 80, sino sólo 20, ¿no es cierto?

Rosa Luisa Guerra

2 Responde las preguntas.

¿Estás de acuerdo en que la bisabuela sólo tiene 20 años? ¿Por qué?

_____

_____

_____

3 Encuentra en el texto las palabras que van en cada corral.

Palabras que empiezan con *bi-*

_____

_____

_____

Palabras que empiezan con *bis-*

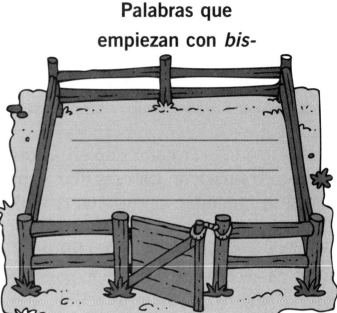

_____

_____

_____

4 Responde las siguientes preguntas que se relacionan con el ejercicio anterior.

¿Cuántas ruedas tiene una bicicleta? _____

¿Cuántos idiomas habla una persona bilingüe?

_____

¿Cuántos motores tiene una lancha bimotor? _____

¿Cuántas mirillas tienen los binoculares? _____

¿Cuántos colores tiene un bicolor? _____

¿Se parecen en algo las palabras del ejercicio anterior?

_____

> Las palabras que comunican la idea de dos y empiezan con *bi-* se escriben siempre con *b.*

▶El mundo de las letras:
Palabras que terminan con -*aje* y empiezan con -*eje*

1 De las siguientes palabras, escribe la que corresponde a cada ilustración.

patinaje   equipaje   carruaje   encaje

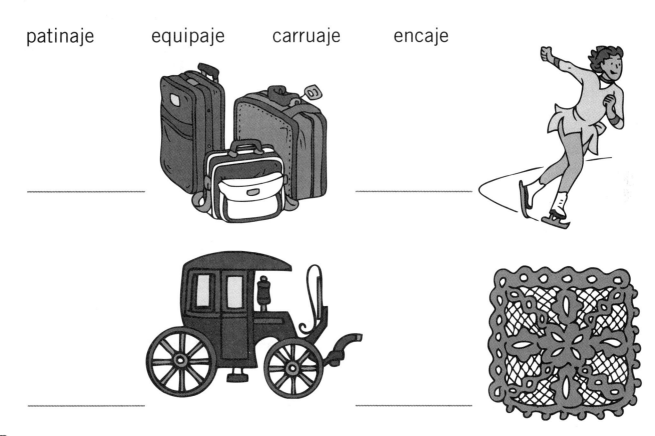

_____   _____

_____   _____

2 Subraya las tres últimas letras de cada palabra que escribiste en el ejercicio anterior.

3 Usa las mismas tres letras que subrayaste para completar las siguientes palabras.

vi_____   pe_____

cor_____   model_____

rop_____   ole_____

> Las palabras que terminan en -*aje* siempre se escriben con *j*.

41

4 Completa este "ejegrama". Guíate con los números.

1. Grupo de soldados.

2. Muestra de algo.

3. Actividad deportiva que se realiza con frecuencia.

4. Hacer algo.

eje		c			o	1
		p				2
	r		c		o	3
	c		t			4

> Todas las palabras que empiezan con *eje-* se escriben con *j*.

5 Escribe una historia en la que utilices palabras que empiezan con *eje-* y otras que terminen con *-aje*.

_____

_____

_____

_____

_____

_____

_____

_____

_____

Francisco Gabilondo Soler, Cri-Crí, escribió la canción *La jota,* que habla de esa letra y del baile español que también se llama así. ¿La conoces?

►Los signos de puntuación:
Signos de admiración e interrogación

1 Lee la siguiente historia junto con un compañero o compañera.

¡Cumpleaños feliz!

Un día, el jilguero apareció en el corral exclamando muy nervioso:

—¡Una noticia! ¡Traigo una gran noticia!

Nadie le hizo caso. Estaban acostumbrados a su constante afán por llamar la atención.

—¡Les digo que se trata de algo realmente importante! —insistió el pájaro.

La vaca, sin dejar de rumiar un manojo de alfalfa, preguntó indiferente:

—¿La cigüeña ha vuelto a la iglesia?

—No.

—¿Nos van a dar doble ración de comida? —quiso saber, esperanzado, el cerdo.

—Tampoco.

—¡Ya sé! —exclamó un pollito—. ¡El cielo se viene abajo!

—¿Qué dices, bobo? —lo reprendió su madre.

—¡Que sí, de verdad! Ya me ha caído un pedazo encima de la cola. Mira.

Y señaló con el pico un **níspero** que, de tan maduro, acababa de desprenderse de la rama. Indicación que aprovechó el cerdo rápidamente para metérselo en la boca.

Carmen Vázquez-Vigo,
Madrid, Bruño, 2003,
pp. 15-16

Carmen Vázquez-Vigo nació en Argentina, pero vive en España desde hace muchos años y ha publicado más de 20 libros para niños.

Vocabulario

Níspero: fruto parecido al chabacano y árbol del mismo nombre, alto y con flores blancas.

2 Responde esta pregunta.

¿Cuántos y cuáles personajes aparecen en la lectura?

_____

_____

_____

3 Revisa nuevamente la lectura anterior y subraya con color azul las oraciones admirativas y con rojo las interrogativas. Después, copia sobre las líneas un ejemplo de cada una.

_____

_____

_____

Las **oraciones interrogativas** sirven para preguntar (¿quieres jugar?). Se escriben entre signos de interrogación (¿?).

Las **oraciones admirativas** expresan enojo, susto, sorpresa (¡qué gusto verte!). Se escriben entre signos de admiración (¡!).

4 Lee las siguientes oraciones y subraya con color rojo las interrogativas y con azul las admirativas.

¿Cuántas manzanas quieres?

La música es uno de mis pasatiempos.

¡Organiza tu cuarto!

Los pollitos son bonitos.

¿Cómo te llamas?

¡Cuántos juguetes tienes!

Los libros son interesantes.

¿Qué harás mañana?

Los aviones me dan miedo.

¡Me gustan tus zapatos!

¿Te bañaste ayer?

Mi papá es muy delgado.

¡Qué buen chiste!

Mañana es domingo.

5 Observa la ilustración y escribe los signos que faltan en cada oración.

___Dónde está mi zapato___

___Qué gusto verte___

___Qué me habrán regalado___

___Cuándo llegarán___

___Me gusta mucho la Navidad___

___Auxilio, un ratón enorme___

Me gustan las mascotas

Observa

1 ¿Cuántos y cuáles animales hay escondidos? Encuéntralos y escribe sus nombres sobre las líneas.

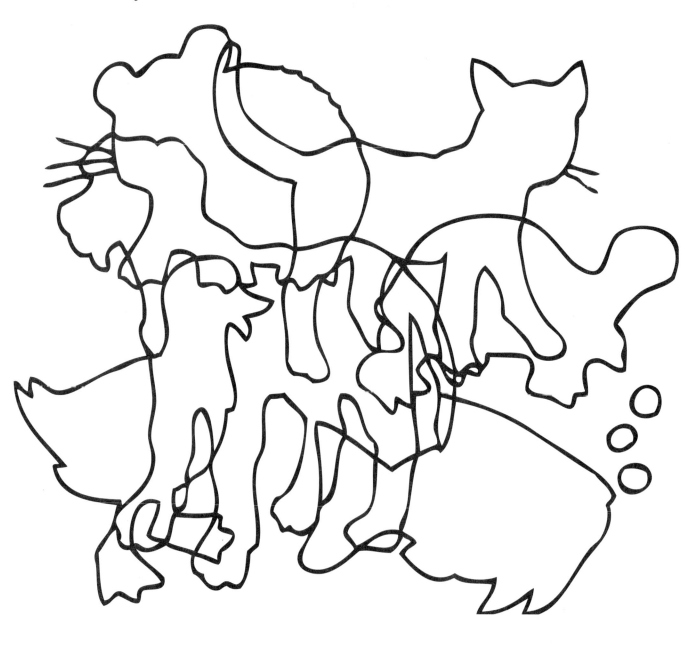

_____   _____   _____

_____   _____   _____

►El mundo de las letras:
Uso de *pl*, *pr*, *tl* y *tr*

1 Lee con atención esta historia.

Prisco, el dueño de una tlapalería, compró, por el triple de su precio, un precioso papagayo. Todos se quedaban **perplejos** con sus plumas coloridas y sobre todo tras oír su plática imparable.

Un día Prisco anunció que haría un **periplo** alrededor del planeta. El papagayo le hizo una súplica:

—Cuando vea a un papagayo le dice que me acuerdo mucho de mis padres y de todos mis amigos. Y que si pudiese me transportaría de regreso.

A su vuelta Prisco se acercó al papagayo y le dijo, cumpliendo su promesa:

—Cuando iba caminando por una selva cerca del Atlántico y mientras corría como un atleta, vi a tres papagayos comiendo plátanos. Me acerqué y les repetí lo que dijiste. Y de pronto, empezaron a temblar y cayeron muertos.

El papagayo lo escuchó y en el preciso momento en que Prisco terminó de hablar… ¡el papagayo cayó muerto!

—¡Qué sensibles son los papagayos! ¡Cómo se conmueven!

Así, con gran tristeza, abrió la jaula del papagayo. En cuanto el ave se sintió libre comenzó a volar y, parándose en lo más alto del armario, dijo:

—Gracias, patrón, por el recado. Mis amigos me aconsejaron que fingiera estar muerto para que dejara de estar preso —y se alejó volando por la ventana.

Rosa Luisa Guerra

Vocabulario

periplo: viaje con regreso al punto de partida.

perplejo: con dudas, confuso.

2 Realiza lo siguiente.

Describe a Prisco.

_____

_____

_____

Describe al papagayo.

_____

_____

_____

3 Subraya todas las palabras con *pl*, *pr*, *tl* y *tr* que encuentres en la lectura de la página anterior.

4 Escribe las palabras que subrayaste en la jaula que les corresponda.

▶El mundo de las letras:
Palabras con *ge*, *gi* y *leg*

1 Escribe cada palabra junto a su ilustración. Después colorea los dibujos.

girasol gitano gelatina geranio genio gimnasta

_____

_____

_____

_____

_____

_____

2 Responde las preguntas.

¿Con qué letra empiezan todas esas palabras?

_____

¿Cómo es el sonido de la *g* en esas palabras: suave o fuerte? _____

3 Lee en voz alta las palabras y subraya aquellas donde la *g* tiene un sonido fuerte.

guerrillero	original	águila
región	prestigio	gusano
genial	ambiguo	alergia
guía	elogio	aguado
gesto	gemido	gentío

> Las sílabas *ge* y *gi* suenan fuerte igual que *je* y *ji*.

4 En cada cuadrito vacío escribe la letra del alfabeto que sigue a la que está en cada cuadrito de las filas de arriba. Guíate con el siguiente alfabeto y con el ejemplo.

a b c d e f g h i j k l m n ñ o p q r s t u v w x y z

b	h	q	t	f	h	z
c	i	r	u	g	í	a

d	b	ñ	k	ñ	f	h	z

f	d	ñ	l	d	s	q	h	z

ñ	w	h	f	d	m	ñ

a	h	ñ	k	ñ	f	h	z

q	d	e	t	f	h	ñ

h	m	f	d	m	t	ñ

l	z	q	f	d	m

5 Reúnete con un compañero y juntos inventen un cuento donde usen las palabras de la derecha.

Gilberto

Eugenia

mágico

gigante

gema

prodigio

_____

_____

_____

_____

_____

_____

6 Lean su cuento al grupo.

ángel

7 Sigue las flechas para formar palabras y escríbelas en las líneas.

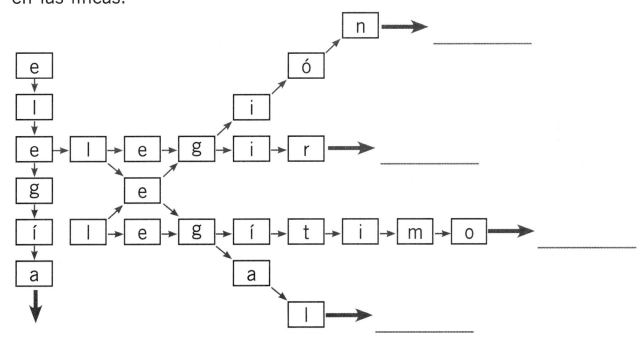

8 ¿En cuál de las palabras que formaste *g* tiene un sonido suave?

_____

Cuando en una palabra se junten las letras *leg*, esa palabra siempre se escribe con *g*.

▶️Los signos de puntuación:
Signos de significado invariable

1 Lee con atención el siguiente anuncio.

ADOPTA UNA MASCOTA

El 35% de los perros callejeros fueron abandonados por sus dueños. El 20% de los gatos acaban sin hogar. En las calles incluso encontramos tortugas y conejos abandonados.

¡Necesitan un hogar!

En el refugio NUEVA OPORTUNIDAD tenemos una mascota para ti. Ayúdanos a no sacrificarlos.

Apóyanos comprando un boleto para la rifa de un televisor*. Cuesta sólo $45.00.

Refugio Nueva Oportunidad.

* La rifa se realizará el 24 de marzo en las instalaciones de Nueva Oportunidad.

Carretera Cholula-Puebla # 478, Col. El Lucero. C.P. 72767. Cholula, Puebla. Más información al teléfono: (222) 245 67 89, o al correo electrónico tumascota@amigosdelosanimales.org.mx

2 Responde las preguntas con la información del anuncio.

¿A qué se dedica el refugio Nueva Oportunidad?

_____

_____

¿Cuándo y dónde se realizará la rifa?

_____

3 Copia las oraciones o palabras donde aparecen los siguientes signos.

@ _____

_____

* _____

_____

% _____

_____

_____

$ _____

4 Escribe las vocales que faltan en los nombres de los siguientes signos.

@ ___rr___b___

$ s___gn___ d___ p___s___s

% p___rc___nt___j___

* ___st___r___sc___

s___gn___ d___ n___m___r___.

El signo de la arroba (@) se refería a una medida de peso, como el kilogramo. Ahora es de uso común en las direcciones de correo electrónico.

Un mar de palabras

1 Une con líneas las conchas que tengan la misma forma.

▶ El mundo de las letras:
Palabras terminadas en *-illo* e *-illa*

1 Lee en voz alta y despacio el siguiente poema.

La orilla del mar

No es agua ni arena
la orilla del mar.

El agua sonora
de espuma sencilla,
el agua no puede
formarse en la orilla.

Y porque descanse
en muelle lugar,
no es agua ni arena
la orilla del mar.

Las cosas discretas,
amables, sencillas;
las cosas se juntan
como las orillas.

José Gorostiza (fragmentos),
Poesía, México, FCE, 1985, pp. 33-34

2 Responde las preguntas.

En el poema anterior, ¿cuál es la palabra que se repite más veces?

José Gorostiza (1901-1973) fue un poeta mexicano muy importante.

_____

¿Qué te gusta más del mar?

_____

3 Copia la palabra que corresponde a cada imagen de las que están a la derecha y escríbelas debajo de cada dibujo.

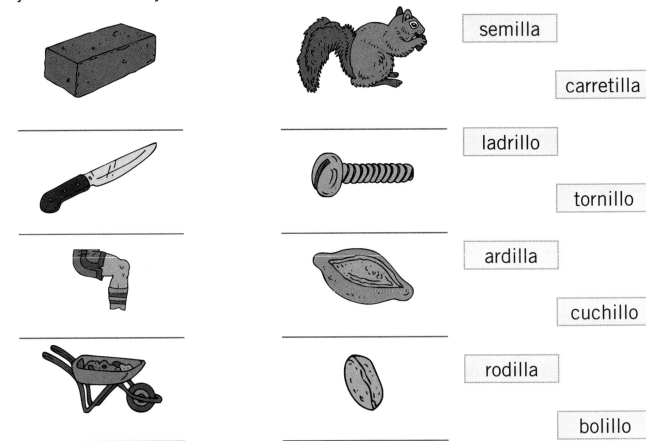

semilla

carretilla

ladrillo

tornillo

ardilla

cuchillo

rodilla

bolillo

_____   _____

_____   _____

_____   _____

4 Subraya las cuatro últimas letras de las palabras que escribiste en el ejercicio anterior.

¿Qué letras subrayaste? _____

5 Completa con *-illo* o *-illa* cada palabra.

pesad_____   vaj_____

cer_____   gr_____

escob_____   cast_____

Otro pequeño poema de José Gorostiza:

Elegía

A veces me dan ganas de llorar,

pero las suple el mar.

Las palabras terminadas en *illo, illa,* se escriben con *ll.*

▶El mundo de las letras:
Palabras terminadas en z

1 Utiliza las palabras del recuadro para completar las oraciones.

| feliz   veloz   audaz   ajedrez   luz   codorniz |

Mi tía prefiere comer huevo de _____.

El abuelo y mi hermano juegan _____.

Carlos está _____, pues le regalaron una bicicleta.

Una persona _____es valiente e inteligente.

Nos asustamos mucho cuando se fue la _____.

2 Encierra en círculos la última letra de cada palabra que escribiste.

¿Qué letra encerraste en círculos?

_____

¿Qué lugar ocupa esa letra en el abecedario?

_____

3 Dibuja lo que se indica.

nariz

narices

nueces

nuez

cruz

cruces

raíces

raíz

lombriz

lombrices

4 Subraya con rojo la última letra de las palabras que dibujaste una vez (singular). Y con azul las tres últimas letras de las palabras que dibujaste varias veces (plural). Responde:

Terminación del singular: _____.

Terminación del plural: _____.

Cuando las palabras en singular terminan en -z, al escribirlas en plural cambian su terminación por -ces (raíz→raíces).

►Los signos de puntuación:
Uso de comillas (" ")

1 Lee con atención el siguiente texto.

¿Has visto la película *Buscando a Nemo*? Seguramente sí, y te encantó ver cómo es el fondo del mar. Debes saber que conocemos esa información gracias a científicos como Jacques-Yves Cousteau.

Desde pequeño a Cousteau le gustaba nadar en el mar; luego estudió en una escuela naval para poder navegar en grandes barcos. Una ocasión dijo acerca de esa época: "Consideraba al mar simplemente como un obstáculo salado que me irritaba los ojos".

Su visión cambió un domingo cuando probó nadar con una versión antigua de los visores: "Me quedé **estupefacto** ante lo que contemplé: rocas cubiertas de selva de algas verdes, pardas y plateadas, y peces desconocidos para mí, que nadaban en cristalinas aguas".

Pasó un rato contemplando esas maravillas, y luego sacó la cara para respirar: "Vi un trolebús, gente y postes de alumbrado. Volví a sumergir mi rostro en las aguas y la civilización se **desvaneció**".

Desde ese día, el interés de Cousteau por el mar nunca **decayó**. Dedicó su vida a mostrarnos a todos que el mar encierra grandes tesoros que tenemos que cuidar.

Rosa Luisa Guerra. Tomado de las notas J.Y. Cousteau y Fréderic Dumas. *El mundo silencioso*, Buenos Aires, Jackson, 1954

Vocabulario

decaer: perder fuerza.

desvanecer: perderse de vista.

estupefacto: quedarse maravillado, sin palabras.

2 Responde en equipo las siguientes preguntas.

¿Por qué el visor ayudó a Cousteau a cambiar su opinión sobre el mar?

_____

_____

3 Copia una o dos expresiones que están entre co- millas (" ") en la lectura.

1. _____
   _____
   _____
2. _____
   _____
   _____

• • • • • •

Los documentales que Jacques Cousteau filmó ganaron muchos premios y contribuyeron a tener una mayor comprensión del valor del océano y la importancia de mantener- lo limpio y cuidado.

4 Subraya las respuestas correctas.

En el texto hay...

a) tres expresiones entre comillas.

b) una expresión entre comillas.

c) ninguna expresión entre comillas.

Esas expresiones estaban entre comillas porque...

a) eran lo más importante.

b) son las expresiones que Cousteau escribió en su libro.

c) se veía más interesante así.

Las comillas...

a) sólo se usan al final de una ora- ción.

b) sólo se usan al principio de una oración.

c) se abren al inicio de una expre- sión y se cierran al final.

Las **comillas** (" ") son signos ortográficos que se usan para destacar algo que alguien dijo.

5 Escribe en el siguiente texto las comillas que hacen falta.

Juan y Mariano peleaban por unos juguetes cuando la mamá de ambos entró al cuarto y preguntó qué pasaba. Juan le explicó que Mariano le había quitado su coche de carreras. Así que ella le recordó a Mariano lo que dijo Benito Juárez: El respeto al derecho ajeno es la paz.

6 ¿Has leído algún libro recientemente? Escribe un comentario sobre lo que te gustó más y por qué. No olvides poner entre comillas las partes que copies del libro.

7 Revisa tu comentario cuando lo termines. Cambia lo que no te guste. Después léelo a tus compañeros y muéstrales el libro.

Un reino lejano

Observa

1 Relaciona con líneas las palabras cuyo marco tenga la misma silueta.

▶El mundo de las letras:
Uso de *r* y *rr*

1 Lee con atención la siguiente historia.

Los negocios no iban bien para el <u>rey Jorge</u> CXIV. De hecho, todos los demás <u>reyes</u> ya se habían declarado en <u>bancarrota</u>, y Jorge no era más que un rey venido a menos.

El castillo estaba en <u>ruinas</u>. En días de lluvia, en el inmenso comedor, él y su familia comían sus escasos alimentos con la mano izquierda, porque con la derecha debían <u>agarrar</u> un viejo <u>paraguas</u> lleno de <u>agujeros</u>. Pero no era tan grave. Se pueden comer <u>macarrones</u> muy bien con una sola mano. No había dinero para <u>arreglar</u> el techo, ni para pintar los <u>muros</u> ennegrecidos <u>por</u> el <u>correr</u> de los siglos, ni para calentar la gigantesca vivienda en el invierno, y a menudo tenían la dolorosa impresión de vivir dentro de un congelador de lujo.

En el castillo ya no había trabajadores: ni sirvientes, ni <u>cocineros</u>, ni <u>niñeras</u> ni <u>choferes</u>. Los últimos en ser <u>corridos</u> fueron los <u>tutores</u> de la princesa que venían todos los días a darle clases de francés, griego, inglés, alemán, <u>ruso</u> e italiano. Con ojos <u>llorosos</u> ella les dijo uno a uno: *Au revoir*, εοπψεζ, *good by, aur wierdersehen y ciao*.

Susie, Morgenstern, *Las princesas también van a la escuela*, México, FCE, 2006, pp. 7-8.

2 Responde estas preguntas usando letra cursiva.

¿Por qué despidieron a los trabajadores y sirvientes del castillo?

_____

¿Te gustaría ser como la princesa y tener tutores?

_____

3 Escribe en la tabla correspondiente las palabras que están subrayadas en la lectura.

r al inicio de la palabra	r entre dos vocales	rr en medio de la palabra

4 Lee en voz alta las siguientes palabras. Colorea un círculo si el sonido de la r es suave y dos círculos si es fuerte.

○○	borrador		○○	roca
○○	pera		○○	rubio
○○	Laura		○○	sonoro
○○	gorrión		○○	Rosa
○○	rata		○○	oreja
○○	dinero		○○	gotera
○○	historia		○○	María
○○	correo		○○	radio

5 Subraya las oraciones verdaderas.

Para que la r suene fuerte entre dos vocales, se debe escribir dos veces.

Al principio de una palabra siempre se escribe rr.

La r sola entre dos vocales tiene un sonido suave.

La r al principio de una palabra suena fuerte.

►El mundo de las letras:
Palabras con *k* y *w*

1 Descubre cuál es la letra que tienen en común las siguientes palabras y enciérrala en círculos.

En griego la palabra *kilo* significa *mil*. Por eso kilómetro quiere decir mil metros y kilogramo mil gramos.

kimono	koala	kilómetro
kermés	karate	karaoke

2 Escribe debajo de cada ilustración las palabras del ejercicio anterior.

_____   _____

_____

_____   _____

3 Escribe una oración con cada una de las siguientes palabras.

kilogramo: _____

kiosco: _____

kayak: _____

4 Completa las siguientes palabras con la letra que aparece destacada en el alfabeto.

a b c d e f g h i j k l m n ñ o p q r s t u v **w** x y z

____indsurf   ____alter

ki____i   t____ist

____enceslao   sánd____ich

____hisky   ____aterpolo

5 Usa las palabras del ejercicio anterior para completar las oraciones.

_____ practica el windsurf y el _____.

A _____ le gusta comer _____ y y _____.

Mis papás bailaron _____ y bebieron _____ en la fiesta.

6 ¿Sabes qué tienen en común las palabras con *w* y con *k*? Descúbrelo en la siguiente oración. Para ello, escribe en los paréntesis los números (del 1 al 3) que indiquen el orden en el que deben ir las tres partes.

(   ) otros idiomas todas (   ) las palabras con *k* y *w*. (   ) El español tomó de

Ahora escribe correctamente la oración completa.

_____

_____

_____

►Los signos de puntuación:
Coma en enumeraciones

1 Lee con atención el siguiente poema.

Éste era un rey que tenía
un palacio de diamantes,
una tienda hecha del día
y un rebaño de elefantes.

*Un kiosco de **malaquita**,*
*un gran manto de **tisú**,*
y una gentil princesita,
tan bonita, Margarita,
tan bonita como tú.

Una tarde la princesa
vio una estrella aparecer;
la princesa era traviesa
y la quiso ir a coger.

La quería para hacerla
decorar un prendedor,
con un verso y una perla,
una pluma y una flor.

Rubén Darío (fragmentos), *Obras poéticas completas,*
Madrid, Aguilar, 1945, pp. 853-854

2 Responde la pregunta.

Si la tuvieras en tus manos, ¿para qué usarías una estrella?

_____

_____

Rubén Darío (1867-1916) fue un gran poeta nicaragüense. Escribió este poema a la hija de unos amigos suyos.

malaquita: mineral de color verde muy hermoso.

tisú: tela de seda entretejida con hilos de oro.

3 Encierra en círculos todas las comas que tiene el poema.

> La **coma (,)** indica una pausa breve y se utiliza para separar los elementos de una enumeración: Abel corre, salta, habla y se mueve sin parar. Antes del último elemento, en lugar de coma se escribe "y",

4 Observa la información del poema y completa las oraciones.

El rey tenía _____

_____

_____

princesita.

La princesa quería la estrella para decorar un prendedor con _____ y una flor.

5 Responde la pregunta.

¿Qué signo usaste para separar cada elemento de las oraciones?

_____

6 Escribe las comas que hacen falta en los siguientes párrafos.

Si yo fuera rey comería faisán pato frutas exóticas helado de piña y pastel de maracuyá.

Si yo fuera princesa tendría una gran capa un vestido larguísimo joyas hermosas una corona de oro y unas zapatillas de cristal.

Si yo fuera actriz haría muchas películas telenovelas comerciales y videos musicales.

7 Haz un autorretrato, es decir, dibújate a ti mismo.

8 Ahora describe cómo eres, utilizando por lo menos cinco características para completar cada oración.

Las cosas que más me gustan de mi cuerpo son:

_____

Mis principales cualidades son:

_____

Mis principales defectos son:

_____

Mis comidas favoritas son:

_____

Los deportes que más me gustan son:

_____

Cuando sea grande quiero ser:

_____

9 Encierra en círculos todas las comas que usaste. ¿Olvidaste alguna? ¿Escribiste "y" antes del último elemento?

Come dos frutas y dos verduras

Observa

1 ¿Cuál es la pieza que falta?

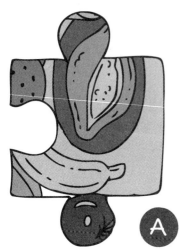
A

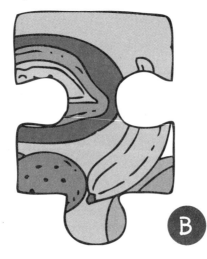
B

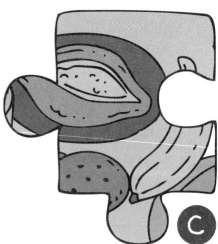
C

La pieza que falta es la _____

▶El mundo de las letras:
Letra *h* intermedia

1 Lee con atención el siguiente texto.

Aunque parezca increíble, los alimentos también viajan e incluso cambian su aspecto. ¿No lo crees? Pues piensa en la **zanahoria**, que llegó a Europa desde el centro de Asia. Al principio no era muy popular y durante la Edad Media se prefería darla a los caballos, porque las zanahorias de entonces eran blancas o negras.

Fue hasta el siglo XVIII que los **horticultores** de Holanda (el país de los molinos de viento y los zuecos) lograron, mezclando distintas variedades, que las zanahorias tuvieran ese color anaranjado intenso y el sabor un poco dulce que las caracteriza y con el cual conquistaron al mundo entero.

El **cacahuate** también viajó mucho. Primero llegó de Brasil a México; luego, los españoles lo llevaron a Europa. Ahí no lo pudieron cultivar, pero lo llevaron a África y Asia donde sí se dio. En África lo consideraban un regalo de los dioses, pues con su fuerte cáscara se protegía de los pájaros y guardaba su fruto para los hombres.

Como pelar los cacahuates es **laborioso**, la mantequilla de maní no se hizo tan popular hasta que alguien inventó unas máquinas para pelarlos y molerlos con mayor facilidad.

¡Cuánta historia hay detrás de lo que comes!

Rosa Luisa Guerra

horticultor: agricultor especializado en cultivar frutas, verduras y flores.

laborioso: difícil, que toma tiempo.

2 Responde las preguntas.

¿De qué trata el texto?

¿Qué te gustó más del texto?

_____

¿Qué te gustó menos del texto?

_____

3 Encierra en círculos lo que tienen en común el cacahuate y la zanahoria.

Son alimentos saludables.

Viajaron por muchos lugares.

Les gustan a los conejos.

Les gustan a los elefantes.

Tienen una *h* en medio.

Cambiaron de color.

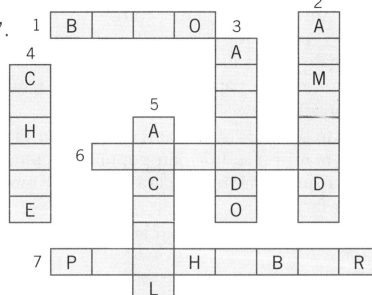

4 Completa este "hachegrama".

Horizontales

1. Animal parecido a la lechuza.
6. Sinónimo de joya.
7. No dejar hacer algo, impedir.

Verticales

2. Objeto suave para apoyar la cabeza.
3. Juan es mi padrino, yo soy su...
4. Objeto que explota al encenderlo.
5. Líquido que se usa para desinfectar heridas.

1 | B | | | O | 3 | | 2 A
. . . A . . M
4 C . . . . .
. . 5 . . .
H . A . . .
6 . . . . .
. C . D . D
E . . O .
. . .
7 P . . H . B . R
L

El idioma español copió del árabe muchas palabras que llevan *h* intermedia como almohada, zanahoria y alhaja.

72

▶El mundo de las letras:
Terminaciones *-ez* y *-eza*

1 Une con líneas las palabras que pertenezcan a la misma familia.

maduro

honrado

niño

timidez

madurez

niñez

honradez

tímido

2 Copia las palabras del ejercicio anterior que terminan en *-ez*.

_____ _____ _____ _____

> Algunos sustantivos abstractos, es decir, que describen ideas o cosas que no se pueden tocar, como la timidez, terminan en *-ez*.

3 Escribe una oración con cada una de las siguientes palabras. Si lo requieres, consulta el diccionario.

acidez   escasez   sencillez

1. _____

2. _____

3. _____

4 Forma palabras con la terminación *-eza* y escríbelas donde corresponda. Fíjate en los ejemplos.

Cosas que se pueden tocar	Cosas que no se pueden tocar
maleza	tristeza

Muchas palabras terminan en *-eza*. Algunas son
sustantivos abstractos.

5 Forma palabras que terminen en *-eza* a partir de
las siguientes.

firme   _____

grande   _____

rudo   _____

puro   _____

▶Los signos de puntuación:
Uso de los dos puntos (:)

1 Lee con atención la siguiente receta para preparar en casa.

Frutas temblorinas

Ingredientes:
Un litro de agua.
Un sobre para preparar gelatina.
Frutas variadas: manzanas, fresas, uvas, cerezas, duraznos o naranjas.
Evita las frutas que no dejan cuajar la gelatina: kiwi, piña y mango.

Utensilios de cocina:
Tabla de picar.
Cuchillo.
Pelador.
Olla.
Bandeja para cubitos de hielo.

Preparación:
1. Lava muy bien las frutas que no se pelan: uvas o cerezas. Pela las frutas con cáscara: manzanas, duraznos o naranjas.
2. Pica en trozos pequeños las frutas, con ayuda de un adulto.
3. Con ayuda de un adulto, pon a hervir la mitad del agua en la olla.
4. Agrega al agua hervida el polvo para preparar gelatina y la mitad del agua que te sobró y mezcla bien.

5. Pon los trozos de fruta en cada división de la bandeja de hielos y cubre con la gelatina.
6. Pon la bandeja en el refrigerador hasta que la gelatina esté lista.
7. ¡Disfruta tus frutas temblorinas!

2 Subraya en la receta los signos de puntuación que están después de las palabras *Ingredientes, Utensilios de cocina* y *Preparación*.

¿Cómo se llama ese signo?

_____

3 Localiza los demás signos llamados dos puntos (:) que haya en la lectura y enciérralos en círculos.

4 Usa las siguientes claves para descubrir los textos ocultos. Después reescríbelos sobre las líneas.

4 = a	3 = e	1 = i	0 = o	7 = u

A

LOs m3j0r3s 4l7mn0s d3 2° B: 3l3n4 M3nd0z4, L71s P3r3z, M4r14n4 R3y3s y J0s3f4 Z4p4t4.

_____

_____

B

S3 3scr1b3n c0n h l4s p4l4br4s q73 3mp13z4n c0n h7m-. P0r 3j3mpl0: h7m0, h7m0r, h7m4n0.

_____

_____

> Los **dos puntos** (:) se utilizan antes de una enumeración o de un ejemplo.

5 Analiza los textos anteriores y escribe la letra que corresponde a cada uno.

____ Ejemplo   ____ Enumeración

6 Completa las fichas enumerando en cada caso lo que se pide. No olvides escribir los dos puntos antes de cada enumeración.

Al cerrar mis ojos escucho__

Frente a mí observo__

Los olores que percibo__

En este momento me gustaría comer__

Con mis manos me gusta tocar__

La octava

Observa

1 ¿Quién está ahí? Ilumina según el código de colores
y descubre al personaje oculto.

1= Negro   2= Azul cielo   3= Durazno   4= Rojo
5= Amarillo   6= Azul marino   7= Morado   8= Verde

▶El mundo de las letras:
Los números ordinales

1 Lee con atención la siguiente historia.

Cuando apareció el primero no se sorprendió mucho; ni siquiera con el segundo o el tercero. Su preocupación comenzó con el cuarto, el quinto y el sexto. Después del séptimo, pensó que era suficiente, sobre todo porque las cosas parecían haberse tranquilizado. Mientras paseaba la mirada por el lugar, ¡zaz!, el octavo y el noveno aparecieron juntos y sólo un momento después, el décimo.

Y en un abrir y cerrar de ojos contempló al undécimo, al duodécimo y al decimotercero; y de pronto, uno más: el decimocuarto.

"¡Es imposible que salgan más!", se dijo mirando a su alrededor. La situación parecía bajo control, eran muchos, pero por lo menos habían dejado de aparecer. Y justo cuando terminó con ese pensamiento tranquilizador, el decimoquinto, el decimosexto y el decimoséptimo se presentaron sonriendo. El decimoctavo hizo una pequeña inclinación; se hizo a un lado y dejó ver al decimonoveno, que sin duda tenía la sonrisa más grande de todos. Cuando el vigésimo estaba a punto de aparecer, un fuerte ruido despertó a Blanca Nieves. Se incorporó de golpe, y luego de ver las camitas al fondo del cuarto, suspiró aliviada: "¡Qué pesadilla! Por suerte, en la vida real son sólo siete".

Rosa Luisa Guerra

2 Escribe cuál ha sido tu peor pesadilla.

_____

_____

_____

3 Subraya todos los números ordinales que encuentres en la lectura anterior.

4 Ahora subraya la expresión correcta.

Los números ordinales indican cuántas partes forman cada cosa.

Los números ordinales indican el orden en que se presentan las personas o las cosas.

Los números ordinales van del uno al infinito.

5 Responde las preguntas.

El número ordinal más grande que aparece en la lectura es: _____.

El número ordinal más pequeño que aparece en la lectura es: _____.

Los **números ordinales** indican orden. Por ejemplo: primero, segundo, tercero...

6 Haz un poco de memoria y elabora un dibujo de cómo eras en tu tercer cumpleaños.

7 Dibuja cómo te gustaría celebrar tu decimoséptimo cumpleaños.

8 Fíjate en el dibujo: ¿en qué lugar va a llegar a la meta cada personaje? Escríbelo sobre las líneas.

Caperucita está en _____.

El hada madrina está en _____.

El ogro va en _____.

El lobo feroz está en _____.

En _____ está la bruja.

9 Inventa otras tres oraciones parecidas a las anteriores usando números ordinales.

1. _____

2. _____

3. _____

▶El mundo de las letras:
Diferentes sonidos de x

1 Lee en voz alta cada palabra y escríbela en el lugar que le corresponde. Si tienes dificultades, guíate por las formas de los marcos.

| Xola | examen | Ximena | Necaxa | xilófono |

| Oaxaca | exilio | Xochimilco | taxi |

| México | próximo | Xavier | xoconostle | Xóchitl |

Sonido *j*	Sonido *ks*	Sonido *s*	Sonido *sh*

> La *x* tiene cuatro sonidos diferentes: *j*, como en Oaxaca; *ks*, como en acción; *s*, como en Xochimilco, y *sh*, como en xoconostle.

2 Escoge una palabra de cada columna y escribe una oración con cada una.

1. _____

_____

2. _____

_____

3. _____

_____

4. _____

_____

▶Los signos de puntuación:
Uso de guión largo (—)

1 Lee junto con un compañero o compañera el siguiente texto.

Gruta en la montaña. Blanca Nieves está tendida en un lecho de hierba, como muerta. Se ve al Príncipe Azul a punto de entrar. Se alcanza a ver el sol que brilla intensamente.

PRÍNCIPE AZUL. —¡Al fin encuentro un poco de sombra! ¡Espero que no haya animales salvajes! (*Se sienta en una piedra y se cubre los ojos con las manos. Después los abre y ve a Blanca Nieves.*) Nunca había visto una doncella tan hermosa. ¿Quién será? ¡Despierta! ¿Qué le pasará? ¡Está muy fría. (*La toma por los brazos y la levanta.*) ¡Despierta! (*Blanca Nieves se frota los ojos, tose y sonríe.*) Ya sabía que no estaba muerta.

BLANCA NIEVES. —¿Quién eres, caballero?

PRÍNCIPE AZUL. —Soy, es decir, era el Príncipe Azul, pero ahora solamente soy tu esclavo.

BLANCA NIEVES. —¡Qué galante! ¿Qué te trae a estas tierras?

PRÍNCIPE AZUL. —Venía en busca de la heredera de este país que ha desaparecido misteriosamente. Ya no me quejo; te he encontrado a ti, y si tú quieres, pronto serás la reina de mi patria.

BLANCA NIEVES. —¿Y si aparece tu prometida?

PRÍNCIPE AZUL. —La he buscado sin éxito por todas partes. Y tú, ¿qué hacías dormida en una gruta tan solitaria?

BLANCA NIEVES. —No dormía, estaba muerta. Mi madrastra me dio una manzana envenenada. Supongo que se quedó en mi garganta y, cuando me levantaste, la arrojé.

Rosa Luisa Guerra (versión libre)

2 Responde las preguntas.

¿A quién buscaba el Príncipe Azul?

_____

¿Por qué Blanca Nieves no murió a pesar de comer la manzana envenenada?

_____

3 Después del nombre de cada personaje y antes de lo que dicen hay un signo que se llama guión largo (—). Completa el siguiente texto con los guiones largos que faltan.

BLANCA NIEVES.   Sí, Príncipe Azul, con tus zarandeos me hiciste arrojar el pedazo de manzana envenenada.

PRÍNCIPE AZUL.   ¡Perdón, señora!

BLANCA NIEVES.   ¿Perdón? Si me salvaste la vida.

PRÍNCIPE AZUL.   En ese caso, podría esperar como recompensa que te conviertas en reina a mi lado.

BLANCA NIEVES.   No sé qué decir… ¿Y si aparece tu prometida? (_Llegan los enanos, quienes gritan al ver a Blanca Nieves._)

TODOS LOS ENANOS.   ¡Blanca Nieves!

PRÍNCIPE AZUL.   ¿Blanca Nieves? (_Blanca Nieves ríe como si la hubieran descubierto._)

GRUÑÓN.   ¡Por supuesto que Blanca Nieves! ¿Y tú, quién eres? (_Los enanos rodean de forma protectora a Blanca Nieves y ven amenazadoramente al Príncipe._)

BLANCA NIEVES.   ¡Tranquilos! ¡Éste es mi prometido desde que era niña! Claro, es bastante coscolino porque anda prometiendo matrimonio a cuanta doncella dormida encuentra. (_Lo mira con ternura._)

PRÍNCIPE AZUL.   Mi Blanca Nieves. (_Y se acerca a abrazarla._)

Los enanos los rodean, riendo, cantando y mostrando gran alegría.

TELÓN

4 ¿Cuál es tu programa favorito? ¿Te acuerdas de su último episodio? Escribe los diálogos como si se tratara de un guión de teatro.

Programa: _____

Personajes: _____

_____

_____

_____

Diálogos:

_____

_____

_____

_____

_____

_____

_____

_____

_____

_____

_____

5 Revisa si utilizaste bien los guiones largos.

Reglas ortográficas

Sílaba

Las palabras están formadas con **sílabas**, que son los sonidos que se producen en un solo golpe de voz. Por ejemplo, *recargarse* está formada por cuatro sílabas: *re-car-gar-se*.

Sílabas tónicas

La **sílaba** de una palabra que pronunciamos con **más fuerza** que las demás se llama **sílaba tónica**.

Sílabas átonas

Las sílabas de una palabra que no son la sílaba tónica se llaman **sílabas átonas**.

Posición de las sílabas

Las sílabas de una palabra se nombran desde la última hasta la antepenúltima.

a	*be*	*ja*
antepenúltima	penúltima	última

Uso de z

Las palabras que terminan en *z* hacen su plural añadiendo *-ces*. Por ejemplo: *feliz → felices*.

Uso de ll

Las palabras que acaban en *-illo, -illa* y *-ello* se escriben siempre con *ll*.

Uso de y

Algunas formas de verbos como *caer, creer, oír* y *leer* se escriben con *y*. Por ejemplo: *cayó, creyó, oyó, leyó*.

Uso de r y rr

El **sonido suave** de la *r* se escribe con una sola *r*. El **sonido fuerte** de la *r* se escribe:

- Con una *r* al principio de palabra: *roca, rima*.
- Con dos *r* entre vocales: *cerro, correr*.
- Con una *r* después de *l, n* y *s*.

Uso de m

Siempre se escribe *m* antes de *b* o *p*.

Punto (.)

Se usa **punto** al final de cada oración. Cuando después de la oración se sigue escribiendo en el mismo renglón, se dice que es un **punto y seguido**; en cambio, cuando el párrafo se acaba con ese punto, se dice que es un **punto y aparte**.

Dos puntos (:)

Se usan después del nombre de la persona a la que nos dirigimos en una carta o recado. También para los listados de palabras dentro de una oración o párrafo.

Signos de interrogación y admiración

Cuando se escribe una oración con sentido interrogativo, como una pregunta, se le ponen **signos de interrogación** (¿?) al inicio y final. De manera parecida, cuando la frase expresa una emoción fuerte, ya sea de sorpresa, alegría, enojo o tristeza, se le agregan **signos de admiración** (¡!).

Guión (-)

El **guión** sirve para dividir una palabra cuando no cabe entera al final del renglón. Sólo se puede escribir entre dos sílabas.

Acentuación de palabras

Las palabras cuya sílaba tónica es la **antepenúltima** se llaman **esdrújulas** y siempre llevan acento gráfico. Por ejemplo: *música, régimen* o *físico.*

Las palabras cuya sílaba tónica es la **penúltima** se llaman **graves**. Llevan acento gráfico cuando **no** terminan en vocal, *n* o *s*. Por ejemplo: *trébol, árbol, mármol.*

Las palabras cuya sílaba tónica es la **última** se llaman **agudas**. Llevan acento gráfico cuando termina en vocal, *n* o *s*. Por ejemplo: *colibrí, acción, guardarás, buscó.*

Abreviatura

Una **abreviatura** es una manera de escribir una palabra usando sólo unas cuantas letras. Por ejemplo: *gpo.,* en vez de *grupo.*

Esta obra se terminó de imprimir en marzo de 2019
en los talleres de Impresora y Editora Xalco, S.A. de C.V.
www.grupocorme.com
Tel. (55) 5784-6177